Toyクリエイター
野出正和

とことん紙皿レシピ

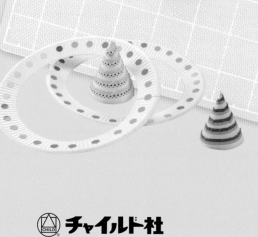

チャイルド社

はじめに

　長男が生まれたとき、「親の背中を見せた子育てをしたい」と、会社を辞めておもちゃを作り始めました。それから 25 年以上、TOY クリエーターとしておもちゃを作り続けてきました。いまも、おもちゃ作りにかける情熱は始めた頃と変わらず、アイデアも途切れることなく降りてきます。

　そんな僕が今回紹介するのは、作品を仕上げることよりも、作る過程を楽しむ工作です。子どものひらめきを大切にする工作です。

　大人が、「○○を作りましょう」と示して、その通りに作る。それでは子どものひらめきは生まれません。大人は、子どもが「やってみたい」とチャレンジしたくなる、「こうしたらどうだろう」と工夫したくなる環境を用意することが大切なのです。

　幼稚園や保育園、こども園、児童館などでの工作の時間、みんな同じ完成品をめざすこと、作業を時間内に終えるこ

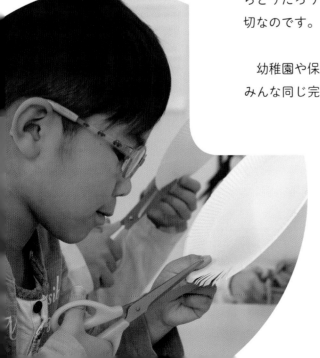

とを、大人が子どもに押しつけないでください。ストレスフリーな環境のなかでこそ、子どものひらめきは生まれます。

　大人の役割は、「素材」「道具」「技術」の環境を整えることです。身近で安価で子どもが自由に使える「素材」をたっぷり用意する、切ったり貼ったりがしやすい「道具」を準備することです。「素材」「道具」がそろっていると、大人も子どもも自分の手で何かを作り出すことが楽しくなります。楽しみながら作業をするうちに、しぜんと「技術」を身につけていきます。「技術」があれば、自分の発想を形にすることができるようになるのです。

　本書を参考に、大人も子どもも、もっともっと創造の羽を広げてみてください。

TOY クリエイター
野出正和

「好き！」それは、子どものひらめきのもと

素材を手に取り、自由に曲げたり切ったり貼ったりしながら、
「あ、これ○○みたい！」「こうしたら、○○が作れそう！」……。
ひらめいたときのワクワク感は格別です！

紙皿の千切り（14・15 ページ）

一瞬でこま（18・19 ページ）

紙皿楽器（40〜45ページ）

UFO（54・55ページ）

わなげ（36・37ページ）

やじろべえ（58〜60ページ）

5

Contents もくじ

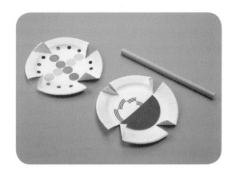
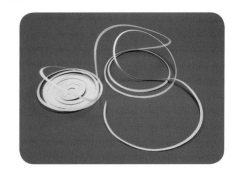

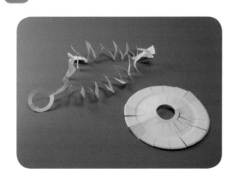
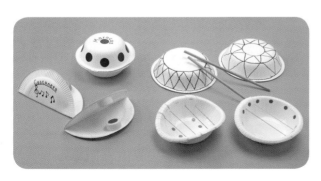

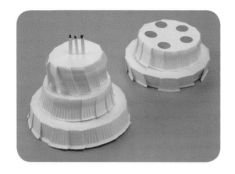
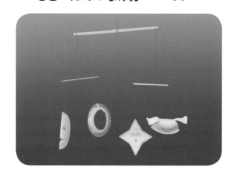

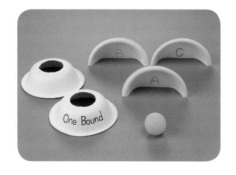

本書の使い方

本書では、保育園や幼稚園、こども園、児童館などの集団活動だけではなく、
親子でも楽しんでいただける工作のアイデアを集めました。

めやす
対象年齢を表記しました。手指の発達は経験による個人差が大きいため、あくまでめやすとして参考にしてください。

事前の準備
大人数でおこなう場合、事前に大人が準備をしておくと活動がスムーズになる工程です。可能なら子どもの活動にしてください。

作り方
見て作れるよう、手順を追った写真を掲載しています。

アドバイス
作るときのコツや、特に注意したいポイントです。

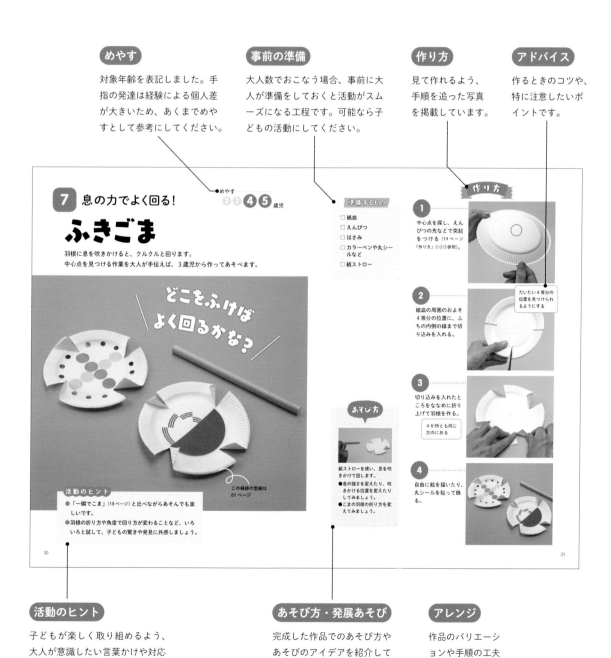

7 息の力でよく回る!

ふきごま

羽根に息を吹きかけると、クルクルと回ります。
中心点を見つける作業を大人が手伝えば、3歳児から作ってあそべます。

めやす ②③**④⑤**歳児

準備するもの
- □ 紙皿
- □ えんぴつ
- □ はさみ
- □ カラーペンや丸シールなど
- □ 紙ストロー

どこをふけば
よく回るかな?

作り方

1 中心点を探し、えんぴつの先などで突起をつける (19ページ「作り方」①②③参照)。

2 紙皿の周囲のおよそ4等分の位置に、ふちの内側の線まで切り込みを入れる。

だいたい4等分の位置を見つけられるようにする

3 切り込みを入れたところをななめに折り上げて羽根を作る。

4か所とも同じ方向に折る

4 自由に絵を描いたり、丸シールを貼って飾る。

あそび方
紙ストローを使い、息を吹きかけて回します。
- ●息の強さを変えたり、吹きかける位置を変えたりしてみましょう。
- ●こまの羽根の折り方を変えてみましょう。

この模様の型紙は
61ページ

活動のヒント
- ●「一瞬でこま」(18ページ) と比べながらあそんでも楽しいです。
- ●羽根の折り方や角度で回り方が変わることなど、いろいろと試して、子どもの驚きや発見に共感しましょう。

30

31

活動のヒント
子どもが楽しく取り組めるよう、大人が意識したい言葉かけや対応のポイントをまとめました。

あそび方・発展あそび
完成した作品でのあそび方やあそびのアイデアを紹介しています。

アレンジ
作品のバリエーションや手順の工夫を紹介しています。

① 工作におすすめの 紙皿と道具

無地の白い紙皿

紙皿工作におすすめするのはシンプルな白い紙皿です。色や柄に制約されず自由な発想が生まれます。また、ボウル型の紙皿を組み合わせると、工作の幅が広がります。撥水加工されたものは水性ペンでは着彩できない場合があるので、シールやマスキングテープを活用するなど工夫して使ってください。

多目的ボンド

接着したい素材の種類や用途によって、適切なボンドは変わります。多目的ボンドは、紙や木材、プラスチックなど、さまざまな素材に使えて便利です。使いやすく安全な水性を選びましょう。

はさみの選び方のポイント

- よく切れる
- 手のひらのサイズ
- チタン製やステンレス製のもの
  →研いで使えるので長持ち
- 先が尖っているもの
  →素材に穴をあけるときに便利

よく切れるはさみ

幼稚園、保育園、こども園など大勢で活動する場合には、幼児向けのはさみを使うことが多いでしょう。ただ、大人が一対一で対応できる場合や保育者が見守りながら使えるときは、よく切れるはさみを使うことをお勧めします。

よく切れるはさみを使うと

- よく切れるから注意して使うことをしっかり伝えることで、子どもは気をつけて大事に扱うようになる
- 力をあまり入れなくてもきれいに切れるので、切ることが楽しくなる
- よく切れるのでどんどん切ってみたくなり、はさみの技術がアップする

② はさみの使い方と切り方のテクニック

はさみを使うときの約束

最初にはさみを使うときの約束をしましょう。

- はさみを持ったまま歩かない
- はさみを人に向けない
- はさみは必ず座って使う
- （切ってよいものを示しながら）これ以外は切らない

切り方のテクニック

はさみではなく、紙を動かして切る

紙などを連続して切るときは、はさみではなく紙のほうを動かします。

はさみの奥を使って切る

厚い紙や固い部分は、はさみの奥を使うと、強い力を使わずに切ることができます。

はさみの先を使って切る

細かな切り込みや短い線、小さな形を切るときははさみの先で少しずつ切ります。

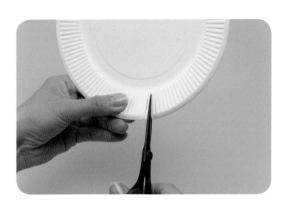

はさみの先で穴をあける

先のとがったはさみが必要ですが、写真のように持つと安全に穴をあけることができます。

はさみの刃の先端から1㎝くらいのところを持ち、まっすぐに突き刺す

紙皿の真ん中を切り抜く

半分に折って切ります。または、半分に折って切り込みを入れ、一度開いて切り込みにはさみを入れて切ります。

本書には、子どもが切るには少し難しい工程もあります。でも、きれいに切れなくてもいいのです。はじめはうまくできなくて当然です。子どもの自分でやろうとする気持ちを認め、見守ってください。

1 ひたすらたくさん切る

紙皿の千切り

とにかくたくさんチョキチョキと切ります。
たくさん切れば切るほど細かくきれいに切れるようになります。

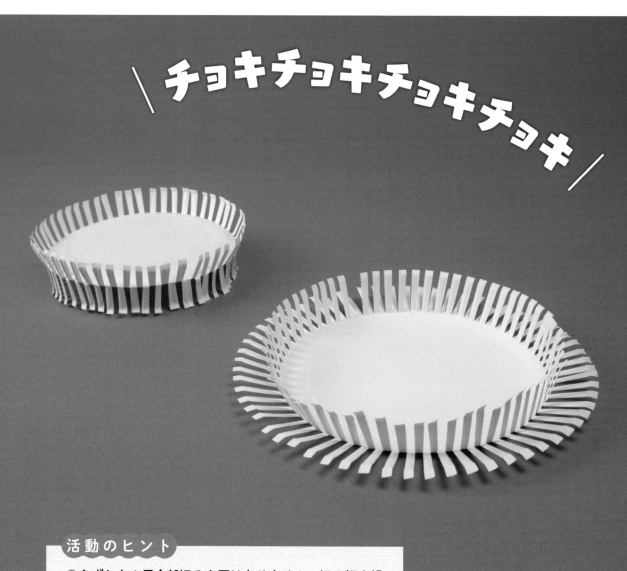

\ チョキチョキチョキチョキ /

活動のヒント

- 必ずしも1周全部切る必要はありません。切る幅や場所など、子どもの自由に任せます。
- どんな仕上がりでも、子どもが自分で満足すればOKです。できあがりを一緒に喜びましょう。

準備するもの

□ 紙皿
□ はさみ

1

紙皿のふちの筋を目安に、切り込みを入れる。

はさみの刃先を使うのがコツ

2

できるだけ細く、たくさん切る

切る幅は子どもに任せる

3

切った部分を1つおきに折り上げたり、互い違いに上下に折ったりする。

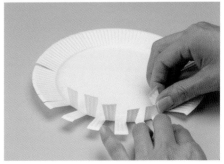

2 自由に切って作る
紙皿パズル

約束は「2つに切る」「3つに切る」こと。
切り分ければパズルの完成です。

どんな形に切ろうかな？

活動のヒント

- 作ったあとは、たっぷりパズルであそびましょう。
- 切り方は子どもの自由に任せますが、慣れてきたら、「カーブをさせながら切ってみよう」「カクカクに切ってみよう」などと、課題を出してみましょう。

作り方

準備するもの

□ 紙皿
□ はさみ

1

ふちからはさみを入れて、自由に切り進める。

2

まずは、2つに切り分ける。

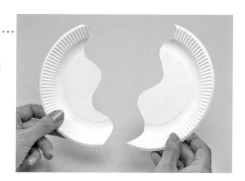

3

2つのうちの1ピースをさらに2つに切って、3ピースにする。

あそび方

何人かの「パズル」を混ぜて、組み合わせを探しっこしましょう。

3 中心点を見つけて

一瞬でこま

まずは、中心点を探すのが子どもたちには楽しい作業です。
好きな色柄で個性を出しましょう。

くるくるくるくる回るよ

この模様の型紙は
61 ページ

活動のヒント

● なかなか中心点が見つからない子には、大人が手助け
　しましょう。

● 紙皿を回したときの絵柄の変化や動きのおもしろさを
　楽しみましょう。

作り方

準備するもの

- □ 紙皿
- □ えんぴつ
- □ カラーペン

1

えんぴつの先に紙皿を伏せて乗せ、バランスをとりながら中心を探す。

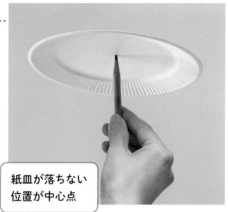

紙皿が落ちない位置が中心点

2

紙皿の上から手を添え、中心点にえんぴつで印をつける。

濃い鉛筆のほうが印をつけやすい

3

えんぴつの跡の位置をやや強めに押して、突起をつくる。

穴が開かない程度に！

あそび方

机やテーブル、床などの上に置いて、両手で回します。

4

紙皿に好きな絵を描く。

4 ボウル型の紙皿で作る

おはな

切って花びらを作り、シールなどで飾りましょう。
ボウル型をいかした作品です。

\世界にひとつだけの花!?/

活動のヒント

●切り込みを入れる位置について、細かな指示は出しません。何枚の花びらを作るかを自分で決めて、目測をつけて切ることを経験します。

準備するもの

- ☐ ボウル型の紙皿
- ☐ はさみ
- ☐ 紙ストロー（太めのもの）
- ☐ セロハンテープ
- ☐ 丸シールなど
- ☐ 色紙

1

紙皿のふちから、底のライン（カーブが終わるところ）まで切り込み、花びらを作る。

まずは2等分に切り込みを入れる

2等分をさらに半分にする位置に切り込みを入れて4等分にする

さらに半分の位置に切り込みを入れて8等分にする

2

花びらを手前、後ろと交互に軽く折る。

3

紙ストローの一方に切り込みを入れて広げる。

アレンジ

色紙を切って土に見立てたり、ストローに巻いたりして自由に飾ります。クラス全員分を並べると、それぞれの個性が表れた楽しいお花畑になります。

4

紙ストローの切り込みを入れたほうを紙皿に立てて貼り、反対側を花の裏側に、セロハンテープで貼る。

5 丸シールなどで自由に飾ってできあがり。

21

ピンポンキャッチャー

紙皿を半分に切り、円錐形に丸めます。
形の変化を楽しんだら、大いにあそんで盛り上がりましょう。

\作ってあそぼう/

活動のヒント

● 円錐の側面に色を塗ったり、丸シールやマスキングテープを貼ったりして飾りましょう。

● ピンポン玉にひもをつけ、紙皿に貼り付けて、けん玉のようにしてあそんでもいいでしょう。

準備するもの

- □ 紙皿
- □ はさみ
- □ セロハンテープ
- □ 丸シールやマスキングテープなど
- □ ピンポン玉

作り方

1

紙皿を半分に折って、折り目をつける。

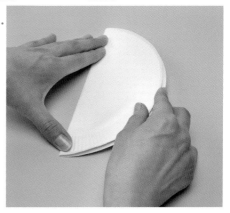

2

折り目に沿って、紙皿を半分に切る。

3

半分になった紙皿をくるりと丸めて円錐形にし、セロハンテープでとめる。同じものを2つ作り、丸テープやマスキングテープを貼って自由に飾る。

あそび方

- ●まずは、友だちが手で玉を投げ、それをキャッチャーで受けます。
- ●キャッチャーを使って互いに投げ合いっこ。だんだん離れてみましょう。

紙皿アート

はさみと紙皿だけで作品を作ります。
切り方、折り方に規則性をもたせると
美しく仕上がります。

作り方
29 ページ

作り方
28 ページ

切ったり、折ったり、自由に！

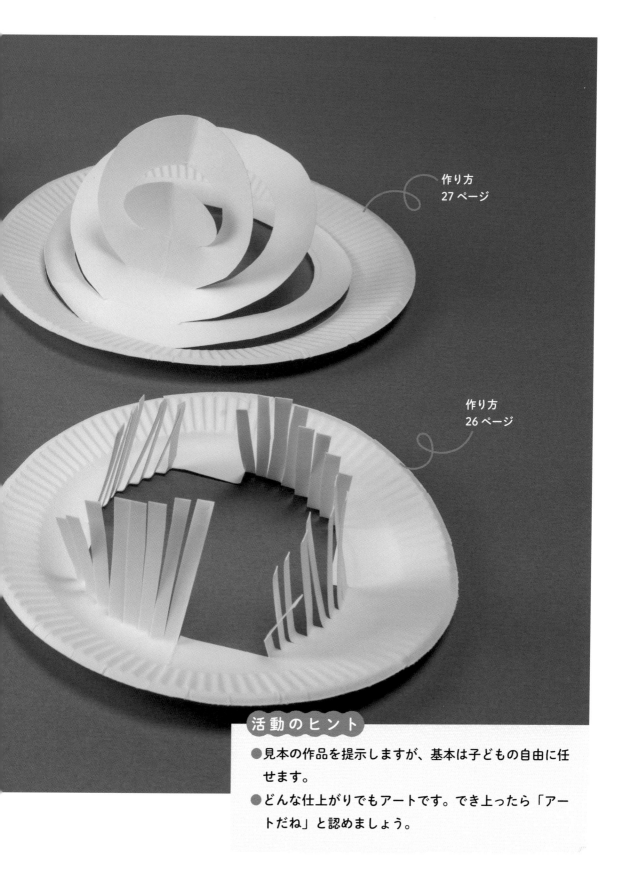

作り方
27 ページ

作り方
26 ページ

作り方
27 ページ

作り方
26 ページ

活動のヒント

●見本の作品を提示しますが、基本は子どもの自由に任せます。

●どんな仕上がりでもアートです。でき上ったら「アートだね」と認めましょう。

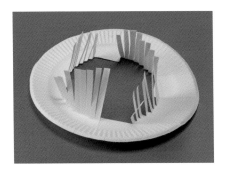

準備するもの

☐ 紙皿
☐ はさみ

1

紙皿を半分に折り、さらに半分に折って折り目をつける。

2

1回開いて、半分に折った状態で折り目の線を、ふちの内側の線まで切る。開いて、さらに十字になるように折れ線に沿って切る。

切るのはここまで

3

4つに分かれたパートを、1つは縦に、その隣は横になるよう切り込みを入れる。

紙皿のふちの手前まで細かく切る

4

切り込みを折って、立てる。

準備するもの

☐ 紙皿
☐ はさみ

1

紙皿を半分に折り、ふちの線に沿って切る。

半分のラインの少し手前で止める

2

先に切ったカーブに沿って内側1cmくらいのところを切る。半分のラインの少し手前で止めるのをくり返す。

切るのはここまで

3

紙皿を開き、切った部分にいったん折り目をつけていく。

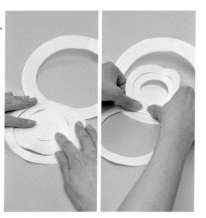

4

好きな方向に曲げながら立てる。

準備するもの

☐ 紙皿
☐ はさみ

1

紙皿を半分に折り、折り目側からはさみを入れ、紙皿のふちの内側まで斜めに切る。

> ふちを残して切る

切るのはここまで

2

1cmほどの間隔で、最初に切った線に平行に切っていく。

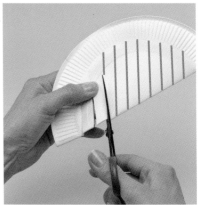

3

紙皿を開き、切った部分を1つ置きに立てる。

準備するもの

☐ 紙皿
☐ はさみ

1

紙皿を4つ折り、さらに半分に折って8等分の折り目をつける。

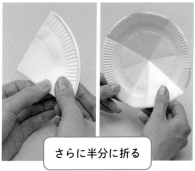

さらに半分に折る

2

紙皿の真ん中に丸を描く。

テープ（の内側）やペットボトルのフタ（の外側）などを使う

3

紙皿のふちのラインに合わせて、細かく切り込む。

4

8等分の折り目に沿って、真ん中の丸のラインまで切る。さらに、16等分にする。

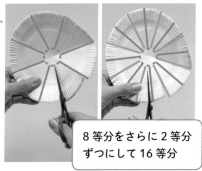

8等分をさらに2等分ずつにして16等分

5

まずは、深い切り込みを1つおきに立てる。次に、細かい切り込みを1つおきに立てる。

7 息の力でよく回る！

ふきごま

羽根に息を吹きかけると、クルクルと回ります。
中心点を見つける作業を大人が手伝えば、3歳児から作ってあそべます。

どこをふけば
よく回るかな？

この模様の型紙は
61ページ

活動のヒント

● 「一瞬でこま」（18ページ）と比べながらあそんでも楽
　しいです。

● 羽根の折り方や角度で回り方が変わることなど、いろ
　いろと試して、子どもの驚きや発見に共感しましょう。

準備するもの

- □ 紙皿
- □ えんぴつ
- □ はさみ
- □ カラーペンや丸シールなど
- □ 紙ストロー

あそび方

紙ストローを使い、息を吹きかけて回します。

- ●息の強さを変えたり、吹きかける位置を変えたりしてみましょう。
- ●こまの羽根の折り方を変えてみましょう。

作り方

1

中心点を探し、えんぴつの先などで突起をつける（19ページ「作り方」①②③参照）。

2

紙皿の周囲のおよそ4等分の位置に、ふちの内側の線まで切り込みを入れる。

> だいたい4等分の位置を見つけられるようにする

3

切り込みを入れたところをななめに折り上げて羽根を作る。

> 4か所とも同じ方向に折る

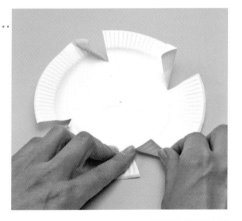

4

自由に絵を描いたり、丸シールを貼って飾る。

紙皿のかつらむき

できるだけ細く、できるだけ長く切ってみましょう。
「集中して」と言わなくても、子どもたちは自然に集中します。

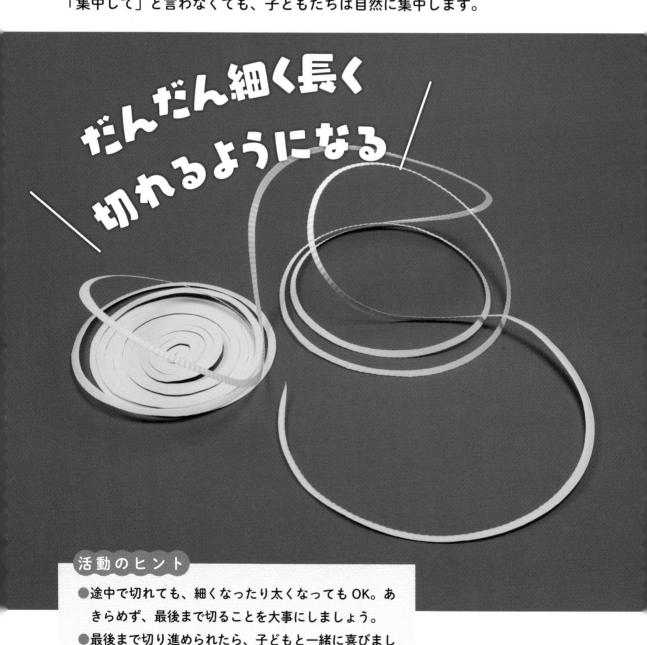

だんだん細く長く切れるようになる

活動のヒント

● 途中で切れても、細くなったり太くなっても OK。あきらめず、最後まで切ることを大事にしましょう。

● 最後まで切り進められたら、子どもと一緒に喜びましょう。

準備するもの

- □ 紙皿
- □ はさみ

1 紙皿のふちにはさみを斜めに入れて切り始める。

発展あそび

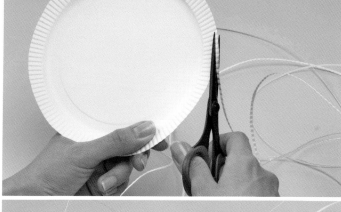

クラスのみんなで「かつらむき選手権」。最後まで投げ出さずに切った子どもを表彰します。

認定書は
63ページ

紙皿のほうを回しながら切る

3 ふちに沿って細く切り進める。

9 床やさん気分で切って

じぶんの顔

めやす
② ③ ❹ ❺ 歳児

髪型を自由に考えながら切るのが
楽しい作品です。

チョキチョキチョッキン

活動のヒント

● 「細く切ると、本物の髪の毛みたいになるよ」と声を
かけますが、基本は子どもに任せます。

● 自分の顔ができたら、家族や友だちの顔も作ってみま
しょう。

準備するもの

☐ 紙皿
☐ はさみ
☐ カラーペン

事前の準備

● 1枚目は、紙皿に「顔」の基本の線を引いておく。

※ 2枚目からは、子どもが見本を見ながら線を引いたり、自由な発想で線を引いてもよいでしょう。

作り方

1

「頭」(の髪)になる部分にふちからはさみを入れる。線のところまで垂直に切る。

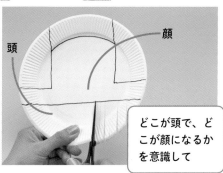

頭　顔

> どこが頭で、どこが顔になるかを意識して

2

「顔」の両脇(の髪)になる部分を切る。

3

「顔」のあごになる部分の線に沿って切る。

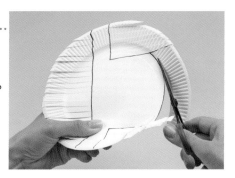

4

カラーペンなどで顔を描く。

5

「頭の髪」と「顔の横の髪」を、折ったり、短く切ったり、ひねったり、結んだりする。

10 紙皿1枚で作る

わなげ

紙皿1枚で、ポールが2つと輪が1つできます。
丸シールやマスキングテープで飾りましょう。

\たくさんあそぼう/

活動のヒント

●紙皿を丸く切り抜く方法を覚えましょう。2つに折ったまま2枚一緒に切る方法もあります。
●半円が帽子の形（円錐）になる変化を楽しみましょう。

準備するもの

- □ 紙皿
- □ はさみ
- □ 両面テープ
- □ 丸シールやマスキングテープなど

1

紙皿を半分に折り、紙皿のふちの内側の線に切り込みを入れる。

2

紙皿を開いて、切り込みの入った部分にはさみを入れ、内側の線に沿って丸く切り取る。

外側の部分が「輪」になる

3

切り取った内側の部分を、折り線に沿って半分に切る。

4

直線のほうの半分に両面テープを貼り、くるりと丸めて円錐形にして止める。

発展あそび

みんなの作品を合わせて、輪投げ大会をしてみましょう。ポールの位置によって得点を変えると盛り上がります。

5

同じものを2つ作り、丸シールやマスキングテープを貼って自由に飾る。

11 正確に切る練習

紙皿くぐり

型紙の線を間違わずに切れば、大きな輪ができあがります！
まるでマジック！　子どもが喜ぶ工作です。

\線をよく見て切ろう/

活動のヒント

● 頭に紙皿をのせて「どうしたら紙皿の中をくぐれるか
な？」と子どもに問いかけてみましょう。

● 手品のように輪くぐりをして見せ、子どもの「作りたい」
「やってみたい」気持ちを盛り上げましょう。

作り方

準備するもの

- □ 紙皿
- □ 型紙（62 ページ）
- □ のり
- □ はさみ

事前の準備

- ●型紙を人数分、紙皿のサイズに合わせてコピーし、切る。
- ●紙皿に型紙をのりで貼る。

※子どもがおこなってもよい。

1

まずは、真ん中の円までつながっている直線から切り始め、中央の○を切り取る。

切り始めはこの線から

2

次に、ふちから始まる線を切る。

線を越えて切らないように！

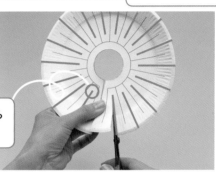

3

最初に切った直線に沿って半分に折り、内側の円の線に切り込みを入れる。

切り込みを入れる

4

再度開いて、切り込んだところにはさみを入れ、線に沿って切る。

5

残った直線を線に沿って切る。

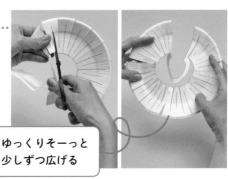

ゆっくりそーっと少しずつ広げる

音の出る工作

2 **3** **4** **5** 歳児

紙皿楽器

紙皿でいろいろな楽器を作り、奏でてあそびましょう。
色や柄を工夫すればカラフルな楽器になります。

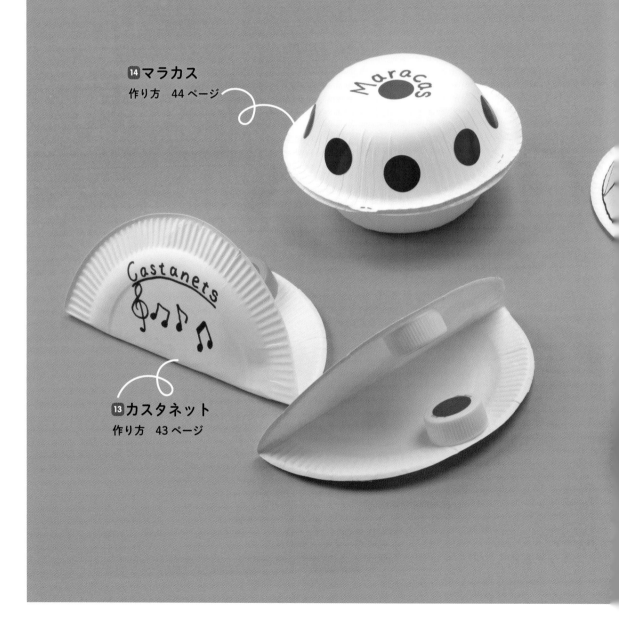

14 マラカス
作り方　44 ページ

13 カスタネット
作り方　43 ページ

♪ シャカシャカ、カッタカッタ、タタタン、ポロロン

12 たいこ
作り方　42 ページ

15 ギター
作り方　45 ページ

活動のヒント

● 「どんな音が出るかな？」と声をかけ、気持ちを盛り上げましょう。

● できあがったら、みんなで演奏を楽しみましょう。軽いので、踊りながら音を出しても楽しいです。

12 たいこ

準備するもの

- ☐ ボウル型の紙皿
- ☐ カラーペン
- ☐ 紙ストロー

1

ボウル型の紙皿をふせて置き、紙コップのラインに沿ってフリーハンドで丸い線を引く。

3

たいこのイメージで、線を引く。

> 自由にたいこをイメージして

4

紙ストローをバチにする。

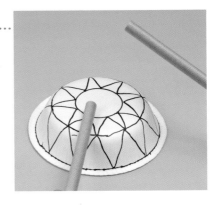

13 カスタネット

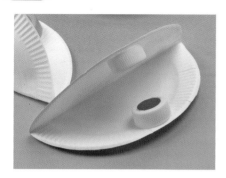

準備するもの

- □ 紙皿
- □ ペットボトルのふた（2個）
- □ ボンド
- □ 丸シール

1 紙皿を半分に折る。

2 折った紙皿の内側にペットボトルのふたをボンドで貼る。

> ふたのふちに4か所ほどボンドをのせる

> 左右の真ん中あたり、紙皿からはみ出さない位置にしっかり指で押さえて貼る

3 反対側の同じ位置に、もう1つ同じように貼る。丸シールを貼って完成。

43

14 マラカス

準備するもの

- ☐ ボウル型の紙皿
  （2枚）
- ☐ ペットボトルのふた
  （3個）
- ☐ ホチキス
- ☐ 丸シールなど

作り方

1 ボウル型の紙皿の中にペットボトルのふたを入れる。

2 もう1枚のボウル型の紙皿を上にかぶせる。

> ある程度大きく振っても壊れないようにホチキスで止める

3 ホチキスで4か所ほど止め、丸シールなどで飾る。

15 ギター

準備するもの

- □ ボウル型の紙皿（2枚）
- □ はさみ
- □ 輪ゴム（1個）
- □ ホチキス
- □ 丸シールなど

アレンジ

切り込みを増やし、輪ゴムを2本使うと、4本弦のギターができます。

作り方

1

紙皿のふちに2cmほどの切り込みを、3cmの間隔をあけて入れる。対角線上にも同じように入れる。

2

並んだ2か所の切り込みに輪ゴムをかけ、引っ張って対角線上の切り込みにかける。

3

ボウル型の紙皿を重ねる。2枚重ねると丈夫になり、輪ゴムがピンと張る。

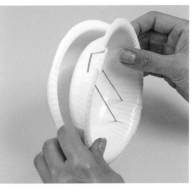

4

ふちをホチキスでとめ、丸シールなどで飾る。

16 切り込みを入れて折る

3段ケーキ

紙皿のふちの模様がまるで生クリームのデコレーションのようです。
トッピングを変えれば、いろいろなケーキが作れます。

♪ ハッピ バースデー・
トゥ・ユー

活動のヒント

● 切り込みを入れて折るだけでケーキの形ができる楽し
　さを伝えましょう。
● 誕生会などの行事に活用してのもいいですね。

めやす
②③④⑤歳児

準備するもの

- ☐ 紙皿（大1枚、小2枚）
- ☐ はさみ
- ☐ ペン
- ☐ 丸シールなど

アレンジ

1段や2段のケーキを作ったり、いろいろなデコレーションを工夫しましょう。たくさん作ってケーキやさんごっこも楽しいです。

作り方

1

紙皿（大）のふちから内側の線まで、3cmほどの間隔で1周切り込みを入れる。

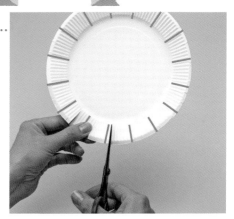

2

切り込みを内側に折る。紙皿（小）も同様にする。

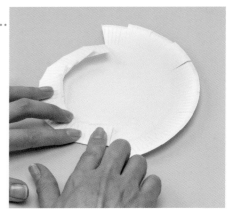

3

もう1枚の紙皿（小）の内側に丸い線を引く。その線まで切り込みを入れて、同じように折る。

丸はセロハンテープやカップなどを使って描くとよい

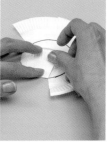

4

それぞれの形を整えて、大中小の順に重ねる。

47

ゆらゆらモビール

パーツを子どもが作り、大人が仕上げます。子どもたちそれぞれの個性を大切にしながら、一つの作品に仕上げましょう。

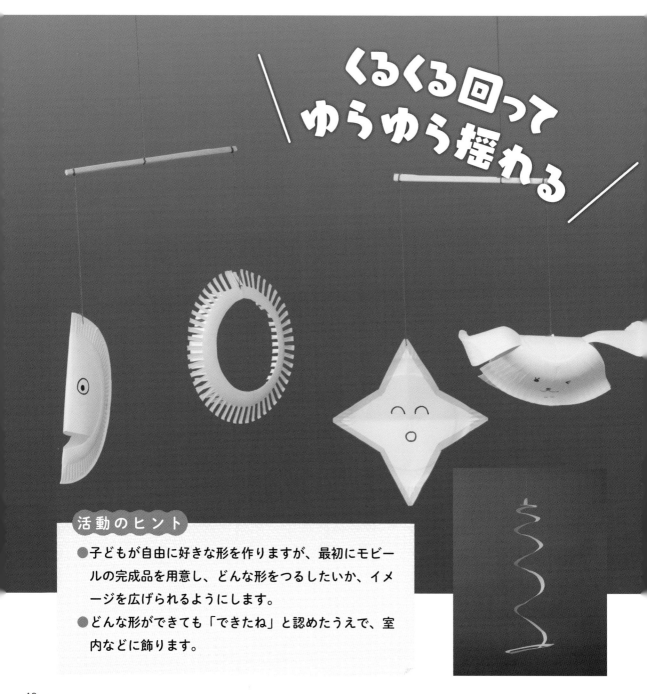

くるくる回って
ゆらゆら揺れる

活動のヒント

- 子どもが自由に好きな形を作りますが、最初にモビールの完成品を用意し、どんな形をつるしたいか、イメージを広げられるようにします。

- どんな形ができても「できたね」と認めたうえで、室内などに飾ります。

準備するもの

- ☐ 紙皿
- ☐ はさみ
- ☐ 割りばし
- ☐ 太めの糸やテグスなど

1

紙皿を半分に折り、ふちの内側の線に少し切り込みを入れる。紙皿を開いて、切り込みを入れた部分から内側の線に沿って切りすすめる。

揺れる飾りの
アイデア①

2

切り落としてしまわず、ぐるぐると円を描きながら中心に向かって切っていく。

紙皿を回すようにして切るのがコツ

1

紙皿の端からおよそ2cm間隔で、手前と反対側から交互に切り込みを入れていく。

切り落とさないように注意！

揺れる飾りの
アイデア②

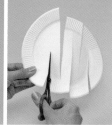

モビールのつなげ方

モビールのバランスの取り方にはコツがあります。

1

割りばしの両端に1つずつ
糸で飾りをつるす。

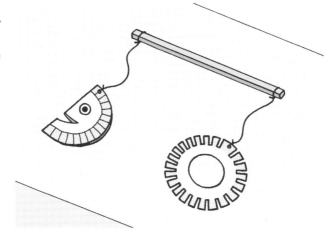

2

❶の割りばしの真ん中あた
りに糸をゆるく結び、バラ
ンスを見る。
割りばしが斜めにかしいだ
ら、下がっている方に糸を
少しずつ移動させては、バ
ランスを確認する。

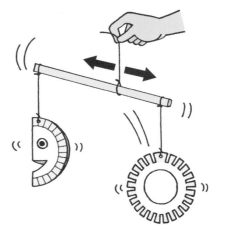

3

割りばしが平行になる位置
が見つかったら、糸をぎゅ
っと固く結ぶ。

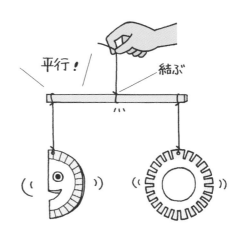

平行！　　結ぶ

4

別の割りばしの一方に❸の
ひもを結び、反対側に別の
飾りを結んだ糸を結ぶ。
❷❸と同様にバランスのと
れる位置を探して、ひもを
固く結ぶ。

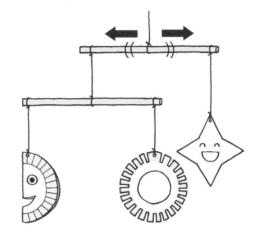

5

この作業をくり返し、上に
つないでいく。

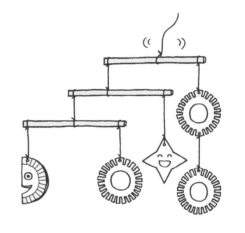

6

いちばん上にくる割りばし
は、2本つなぐなどして長
くし、飾り同士がぶつから
ないようにする。

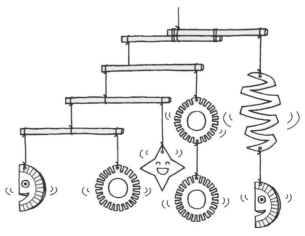

18 重さ比べができる!

上皿てんびん

めやす ② ③ **4** **5** 歳児

ボウル型の紙皿を使って、重さ比べができるはかりを作ります。
作って楽しい、あそんで学べるおもちゃです。

\どっちが重いか比べっこ/

活動のヒント

●作ったら、身近なものを乗せて重さ比べをしてみましょう。「どちらが重いかな」とクイズ形式で楽しむのもいいですね。

準備するもの

- ☐ ボウル型の紙皿
  （大・1枚）
- ☐ ボウル型の紙皿
  （小・2枚）
- ☐ はさみ
- ☐ ボンド
- ☐ ホチキス
- ☐ セロハンテープ

作り方

1

ボウル型の紙皿（大）を2つ折りにし、折り目の左右にそれぞれ切り込みを入れる。

2

紙皿を開き、ふちにつけた切り目にはさみを入れ、内側の線のところまで切る。

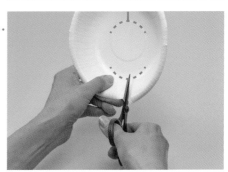

3

裏側を合わせるように半分に折って折り目をつけ、開いてボンドをつける。

折り目をつける

ボンドは3か所におく

4

しっかり押さえて貼り合わせる。

ホチキスで補強しても

5

カーブの部分を下にして立てて置き、左右にボウル型の紙皿（小）をセロハンテープで貼り付ける。

UFO

サイズの違う2つのボウル型の紙皿を貼り合わせるだけですが、
よく飛びます。UFOをイメージしながら楽しく作りましょう。

ピューンとよくとぶ

活動のヒント

● 作る前に、「UFOって知ってる?」と聞いて、簡単に
話をしてイメージをふくらませましょう。

● UFOを投げてあそぶのは、ボンドがしっかり乾く翌
日まで待ちます。待つ時間も含めて「工作」です。

作り方

準備するもの

- ☐ ボウル型の紙皿
  （大・1枚）
- ☐ ボウル型の紙皿
  （小・1枚）
- ☐ ボンド
- ☐ 丸シールなど

1

ボウル型の紙皿（小）
のふちにたっぷりボ
ンドをのせる。

> グルリひとまわり
> ボンドをのせる

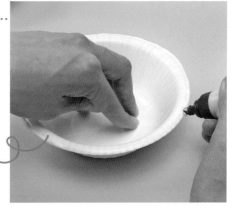

2

ボウル型の紙皿（大）
の内側にふせるよう
にして合わせる。

3

上から軽く押して、
しっかり貼り合わせ
る。丸シールなどを
貼って飾る。

> 乾くのに時間がか
> かるので、あそぶ
> のは次の日に！

あそび方

広いところで飛ばしてあそ
びましょう。自分のUFO
がどれかわかるように、丸
シールなどで自由に飾りま
しょう。

丸く切り抜く技を習得

ワンバウンドゲーム

ボウル型の紙皿の底にあけた丸い穴に、
ピンポン玉をワンバウンドで入れるゲームです。

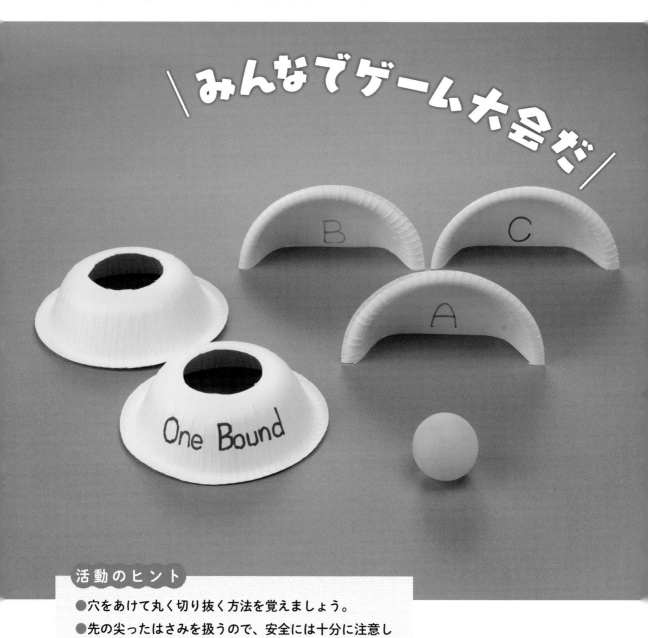

みんなでゲーム大会だ

One Bound

活動のヒント

● 穴をあけて丸く切り抜く方法を覚えましょう。

● 先の尖ったはさみを扱うので、安全には十分に注意し
ておこないます。

作り方

はさみでの穴のあ
け方は13ページ

1 ボウル型の紙皿の底の中央にはさみ
の刃の先端を差し込み、穴をあける。

準備するもの

- ☐ ボウル型の紙皿
- ☐ はさみ
- ☐ カラーペン
- ☐ ピンポン玉

あそび方

ボウル型の紙皿をふせて置
き、ピンポン玉をワンバウ
ンドさせて入れてあそぶ。

はさみの先を使って
細かく動かして切る

ガタガタでもOK

2 穴からはさみを差し込み、底の内側の線に沿って丸
く切り抜く。

3 カラーペンで自由に絵を描く。

発展あそび

ボウル型の紙皿を半分に切
って的にし、ピンポン玉を
的に当てる「的当て」も簡単
に作れて楽しいゲームです。

21 紙皿の形をいかした

やじろべえ①

めやす
② ③ **4** **5** 歳児

揺らしても倒れないやじろべえ。最後に折って
バランスをとるのがポイントです。

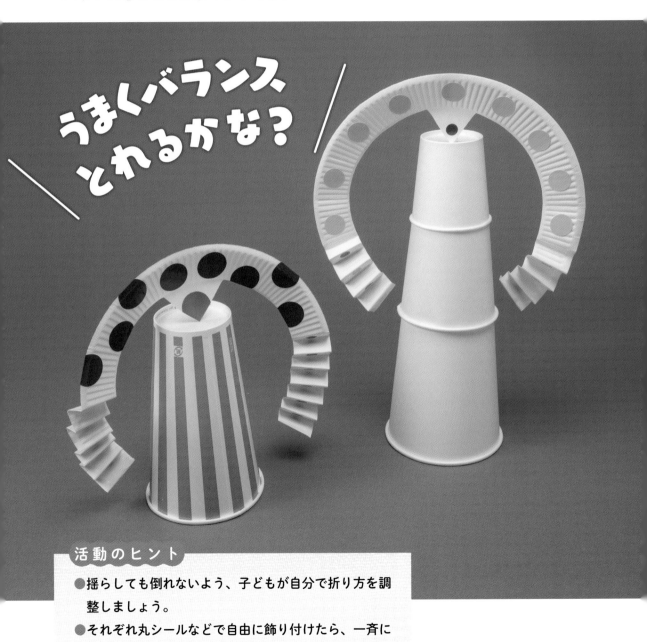

活動のヒント

● 揺らしても倒れないよう、子どもが自分で折り方を調
  整しましょう。

● それぞれ丸シールなどで自由に飾り付けたら、一斉に
  並べてみましょう。

作り方

準備するもの

- □ 紙皿
- □ はさみ
- □ のり
- □ 丸シールなど

1
紙皿を半分に折り、折り線に沿って切り進める。ふちの手前のところで止める。

2
左右に角度をつけて三角形を作るように切る。

ここが支柱になる

3
三角の部分を残し、ふちの内側の線に沿って紙皿の内側を切り取る。

4
左右それぞれ端から半分程度のところまでじゃばらに折る。

5
三角形に残した部分を少し内側に折り込む。

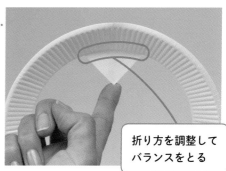

折り方を調整してバランスをとる

22 切り抜いて作る

やじろべえ②

紙皿の真ん中をくり抜いたやじろべえです。
くり抜いた部分で、飾りを作って貼りましょう。

準備するもの

☐ 紙皿
☐ はさみ
☐ カラーペンなど

活動のヒント

●飾りの形や貼る位置によってはバランスがとりにくいことに気付いたら、どうしたらバランスがとれるかを考えるきっかけにしましょう。

作り方

ここが支柱になる

1 紙皿を半分に折り、斜めに切り込みを入れる。

2 開いて、切り込みにはさみを入れ、内側の線に沿って丸く切り抜く。

折り方を調整してバランスを取る

3 三角形の部分を少し側に折り込む。

型紙

こま模様（18・19 ページ／ 30・31 ページ）

コピーして、切り取ってお使いください。使用する紙皿に合わせて、拡大してお使いください（18cmの紙皿には 150%）。

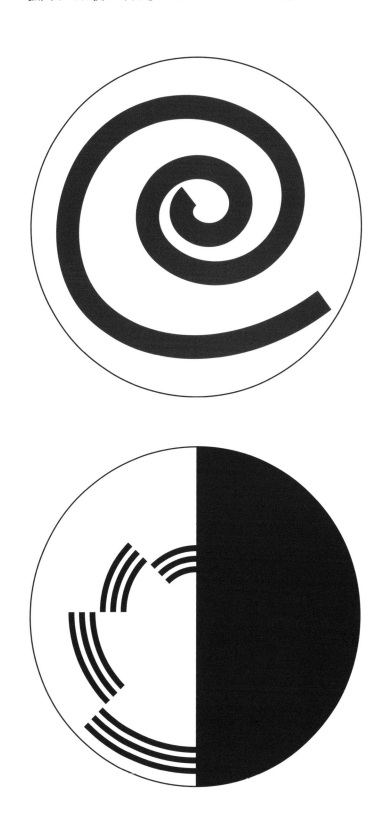

紙皿くぐり (38・39ページ)

コピーして、切り取ってお使いください。使用する紙皿に合わせて、拡大してお使いください（18㎝の紙皿には120％）。

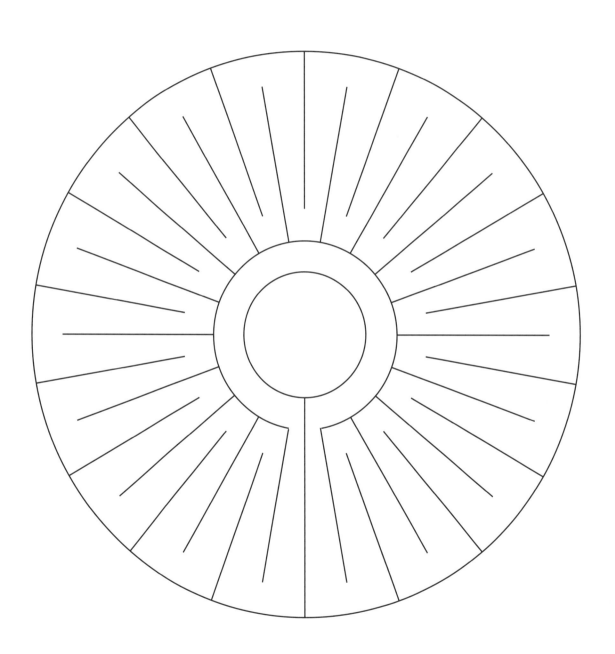

かつらむき表彰状 (32・33 ページ)

_____ 殿

貴方は何の変哲も無い紙プレートをただひたすら
無言で！夢中で！一心不乱に！ハサミで切り続け
以下の通り優秀な記録を叩き出しました！
どうぞその技術と集中力を他のもっと良いことに
活かしてくださいね！

紙プレートサイズ：　　　cm

We love Paper plate!

記録：_____ m 　　cm

年　　月　　日　　　日本紙プレート桂剝き協会
会長 Toy クリエイター 野出正和

_____ 殿

貴方は何の変哲も無い紙プレートをただひたすら
無言で！夢中で！一心不乱に！ハサミで切り続け
以下の通り優秀な記録を叩き出しました！
どうぞその技術と集中力を他のもっと良いことに
活かしてくださいね！

紙プレートサイズ：　　　cm

We love Paper plate!

記録：_____ m 　　cm

年　　月　　日　　　日本紙プレート桂剝き協会
会長 Toy クリエイター 野出正和

野出正和（ので まさかず）

Toy クリエイター、Muku-studio 代表。
城西国際大学福祉総合学部長特命連携教授。
長男の誕生をきっかけに、「輝いているおやじの背中」を見せようと異業種から転身。あそびを作り出せるシンプルで安全なおもちゃを開発している。全国で工作教室を開催するほか、TV番組にも多数出演。近著に『スーパーコロコロドミノ装置Kids工作BOOK』（いかだ社）がある。

STAFF

撮影：竹中博信（スタジオエッグ）
モデル：嶋野篤仁、嶋野綸仁、嶋野衣都、上原瑠華、上原璃久
イラスト：種田瑞子
装丁・デザイン：平塚兼右、新井良子、矢口なな（PiDEZA Inc.）
編集：こんぺいとぷらねっと
印刷：宮永印刷

協力

株式会社日本デキシー（紙皿）　http://www.dixie.co.jp
コニシ株式会社（多用途ボンド）　http://www.bond.co.jp/bond/index.php
丸章工業株式会社（はさみ）　http://marusho-kogyo.jp

とことんあそぶっく
とことん紙皿レシピ

2020年7月1日　第1刷発行
2023年6月1日　第2刷発行

著　者　野出正和 ©
発行人　柴田豊幸
発行所　株式会社チャイルド社
　　　　〒167-0052　東京都杉並区南荻窪4-39-11
　　　　TEL 03-3333-5105
　　　　http://www.child.co.jp/